中国老翡翠

EARLY MODERN CHINESE JADEITE

十七至二十世纪中国翡翠艺术

Chinese Jadeite Art from the 17th to the 20th Century

中

Volume II

钟富苗　古　方　编著

Zhong Fumiao and Gu Fang

文物出版社

Cultural Relics Press

本卷图版目录

佩玩

160 清 冰糯种红翡巧色寿桃佛手

长 54 毫米 宽 38 毫米 厚 11 毫米

◆ 冰糯种,质地细腻,色泽莹润。以圆雕和镂雕工艺整体雕刻佛手、寿桃。红翡巧色佛手雕琢松弛有度,寿桃饱满,枝叶肥厚,枝干粗壮有型,有"福寿"之意。

161 清 冰种带绿佛手

长 57 毫米　宽 29 毫米　厚 9 毫米

◆ 冰种，质地细腻，色泽莹润，水绿色。以
圆雕和镂雕等复杂工艺雕刻折枝花卉佛手，佛
手雕琢松弛有度，线条简约大方。

162 清　冰糯种黄翡巧色灵芝寿桃

长 52 毫米　宽 42 毫米　厚 11 毫米

◆ 冰糯种,玉质细腻,色泽莹润,局部晶莹透亮。半圆雕一只寿桃,
丰硕饱满。寿桃上以浅浮雕和镂雕工艺黄翡巧雕灵芝如意。灵芝
如意、寿桃寓意"福寿安康"。

—

163 清　冰糯种带绿福寿佩

长 43.5 毫米　宽 36.5 毫米　厚 9.5 毫米

◆　冰糯种，质地细腻，色泽莹润，带绿。以
圆雕和镂雕工艺整体雕刻一个佛手和一个寿
桃，佛手雕琢松弛有度，寿桃则枝叶肥厚，枝
干粗壮有型。有"福寿"之意。

164 清　糯种黄翡佛手

长 61 毫米　宽 38.5 毫米　厚 13.5 毫米

◆ 糯种，质地细腻，色泽莹润，带黄翡。以
圆雕工艺雕琢成一折枝带叶的佛手，其形态
如两掌合十，寓意"福寿"。

165 清 冰种黄翡佛手

长 58 毫米　宽 34 毫米　厚 18 毫米

◆ 冰种，玉质细腻。以圆雕工艺雕琢出一折枝带叶的佛手，寓意"福寿"。

166 清　冰种飘绿瓜形佩

长 50 毫米　宽 30.17 毫米　厚 13.64 毫米

◆　冰种，玉质细腻，水绿色。呈瓜形。以圆
雕工艺雕琢出折枝瓜棱形，丰硕饱满。寓意"瓜
瓞绵绵"。

枝叶自然舒展，以阴刻线表现叶脉。寓意"福寿三多"。

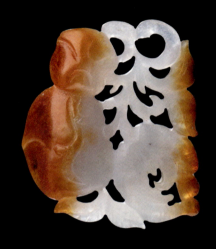

167 清　冰糯种红翡巧色福寿三多

长 50 毫米　宽 43 毫米　厚 14 毫米

◆　冰糯种，质地细腻。以镂雕工艺雕琢折枝花卉瓜果。红翡巧色
一大一小两只桃实丰硕饱满，娇艳欲滴，佛手瓜状如人手，惟妙惟肖，
枝叶自然舒展，以阴刻线表现叶脉。寓意"福寿三多"。

168 清　冰糯种红翡巧色莲叶石榴

长 62.2 毫米　宽 27.4 毫米　厚 15.1 毫米

◆ 冰糯种，质地细腻。以圆雕和镂雕相结合的工艺雕琢缠枝开口石榴，以斜网格纹表现石榴开口吐露出来的石榴子。红翡巧色莲叶、莲花。以阴刻线表现开放的莲花的形态、莲叶的叶脉。莲、石榴寓意"连生贵子"。

—

169 清　冰糯种红翡巧色福寿

长 56 毫米　宽 46 毫米　厚 11 毫米

◆ 冰糯种，质地细腻。以圆雕和镂雕技法雕琢一红翡巧色蝙蝠，双翼卷曲，栖息在折枝瓜果上，瓜果饱满丰硕，根茎粗壮，瓜叶舒展。蝙蝠与瓜寓意"福寿"。

角沿藤叶下垂，造型圆润饱满。豆角为清代玉器常见题材，因其藤蔓长、籽多，故而寓意"多子多福"。

170 清　冰糯种飘蓝豆角

长 38 毫米　宽 21.8 毫米　厚 8.1 毫米

◆ 冰糯种，质地细腻，飘蓝花。以圆雕工艺雕刻豆角藤蔓，三只豆角沿藤叶下垂，造型圆润饱满。豆角为清代玉器常见题材，因其藤蔓长、籽多，故而寓意"多子多福"。

171 清　冰种带紫双瓜

长 37 毫米　宽 30 毫米　厚 12.5 毫米

◆　冰种，玉质细腻，淡紫色。以圆雕工艺雕琢一折枝瓜果。阴刻线雕琢成瓜棱状，叶片舒展，以阴刻线表现叶脉，寓意"福寿双全"。

172 清　冰种飘黄豆角

长 72 毫米　宽 25 毫米　厚 10 毫米

◆ 冰种，玉质细腻，水绿色，飘黄翡。以圆雕和镂雕等复杂工艺雕琢藤蔓花卉，枝叶卷曲，藤蔓上雕琢两只豆角，豆角饱满圆润，豆身雕琢出枝叶，以阴刻线表现叶脉。豆角为清代玉器常见题材，因其藤蔓长、籽多，故而寓意"子孙绵长"。

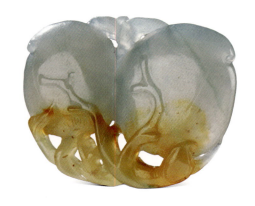

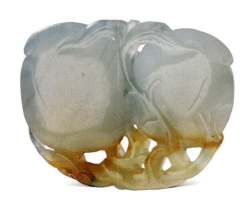

173 清　冰糯种黄翡双桃

长 55.6 毫米　宽 42.4 毫米　厚 8.6 毫米

◆　冰糯种，质地细腻，带黄翡。以圆雕和镂雕相结合的工艺雕琢两颗折枝桃实，桃实圆润饱满，黄翡巧色枝梗相连，粗壮有劲，枝叶从桃实中翻卷，卷边飘逸立体，叶脉清晰可见。

174 清 糯种阳绿花果纹佩

长 52.9 毫米　宽 37 毫米　厚 4.5 毫米

◆ 糯种，质地细腻，带阳绿。以浅浮雕和镂雕相结合的工艺雕琢折枝花卉桃实，阳绿桃实颗颗丰硕饱满，花卉呈绽放状，枝茎相连，枝叶从桃实中翻穿而过。

175 清　红翡龙首鸡心佩

长 62 毫米　宽 43.2 毫米　厚 6.9 毫米

◆ 糯种，质地细腻，带红翡。此器呈扁平状圆形，中央有穿孔，出廓部分镂雕龙首，龙呈站立状，龙身饰阴刻线和卷云纹。玉璧一面饰勾云纹，一面饰日月纹。

176 清　冰种三色松鹤灵芝佩

长 68.7 毫米　宽 45.8 毫米　厚 7 毫米

◆ 冰种，质地细腻，黄、绿、紫三色。以浅浮雕和镂雕工艺，雕琢一株松，枝干横卧而上曲，纵贯全器。松枝上长满松针，松针间隙悬挂一口金钟，一仙鹤立于枝头，回望金钟，松下土坡上，一丛丛灵芝，旁边一梅花鹿呈伏卧状，仰望前方。

177 清　冰糯种阳绿福禄万代佩

长 18.7 毫米　宽 47.8 毫米　厚 6 毫米

◆ 冰糯种，质地细腻，满阳绿。以镂雕工艺雕琢
折枝葫芦，枝梗相连，粗壮有力。三只葫芦悬挂
其间，枝蔓缠绕，枝叶翻卷。葫芦与"福禄"谐音，
寓意福禄万代。

178 清 冰种福禄寿佩

长 66.9 毫米　宽 53 毫米　厚 6.4 毫米

◆ 冰种，质地细腻。以镂雕工艺雕琢折枝花卉桃实。两只寿桃丰硕饱满，并琢出缠绕的枝条和形态各异的叶片，桃实上浮雕一蝙蝠。蝙蝠、葫芦、桃寓意"福禄寿"。

意"和合如意"。

179 清 糯种黄翡巧色活环套嵌荷花

长 119 毫米　宽 21.7 毫米　厚 13.6 毫米

◆ 糯种，质地细腻，带黄翡。以圆雕和镂雕相结合的工艺，雕琢
两枝荷茎，一茎分两枝呈圆环状，两环相套，黄翡巧雕绽放的荷
花和一枝荷叶，花叶舒展。以阴刻线表现茎叶的弧度和弯曲。寓
意"和合如意"。

180 清　糯种黄翡巧色莲蓬

长 55.3 毫米　宽 38.2 毫米　厚 30.7 毫米

◆ 糯种，质地细腻。以圆雕工艺黄翡巧雕一荷叶，荷叶舒展，边
缘向上翻卷。另一侧花瓣簇起围住莲蓬，琢出八个莲子，形态饱满，
荷叶与莲花之间以茎相连。

181 清　冰种黄翡灵芝

长60毫米　宽33毫米　厚7毫米

◆ 冰种，玉质细腻，带黄翡。以圆雕工艺雕琢灵芝。灵芝被称为"瑞征"或"仙草"，是长寿的象征，后演变成如意，寓意"如意长寿"。

182 清　糯种红翡巧色宝鸭穿莲

长 65 毫米　宽 42 毫米　厚 13 毫米

◆ 糯种，质地细腻。两只红翡巧色宝鸭翅膀贴身，休憩于一片荷叶之上，回首互望，另一巧色荷叶扭转披于背上，荷叶边卷曲，枝叶舒展。

"宝鸭穿莲"是很多图画和雕塑中的传统装饰题材之一。"鸭"字中有"甲"字，且与科甲的"甲"字谐音。"宝鸭穿莲"多寓意"连甲"。

183 清　冰糯种红翡巧色宝鸭穿莲

长 74 毫米　宽 39.1 毫米　厚 14.9 毫米

◆　冰糯种，质地细腻，色泽莹润艳丽，红褐色。红翡巧色两片荷叶，以双阴刻线雕琢叶脉，荷茎从荷叶底部探出，以浮雕工艺雕琢成开放的荷花和一节节莲藕，花瓣自由舒展，莲藕圆润饱满。宝鸭卧于荷叶上，回首而望，双翅和尾翼以阴刻线表示。

184 清 冰糯种红翡巧色宝鸭穿莲

高 31.6 毫米　宽 46.7 毫米　厚 44.2 毫米

◆ 冰糯种，质地温润细腻。宝鸭曲颈回首，口衔莲枝，花丰硕饱满，红翡巧色莲叶舒展自然。鸭身肥渥丰腴，神情安祥。

185 清　糯种黄翡巧色宝鸭穿莲

高 50 毫米　宽 77.7 毫米　厚 38.5 毫米

◆ 糯种，玉质细腻，色泽莹润。两只宝鸭曲颈回首，口衔莲枝对望，莲花丰硕饱满，莲叶黄翡巧色。

186 清 糯种宝鸭衔莲

长 51 毫米　宽 38 毫米　厚 20 毫米

◆ 糯种，质地细腻，色泽莹润。以圆雕工艺雕琢一休憩的鸭子，阴刻圆眼镶嵌红宝石，身体肥硕，嘴衔莲枝，双翅收于两侧，足部卧于腹下，神态生动。

187 清　冰糯种紫罗兰鸳鸯

高 48.6 毫米　宽 70 毫米　厚 19.3 毫米

◆ 冰糯种,质地细腻,色泽莹润,通体淡紫色。圆雕鸳鸯水滴形眼,
线条流畅,灵动自然,鸳鸯颈下、胸部雕琢有阴刻线。尾部短圆,
向上翘起,游动翻起的浪花动感十足。

188 清　冰糯种带绿福绿万代

长 55 毫米　宽 41 毫米　厚 16 毫米

◆ 冰糯种，质地细腻，水绿色。以浮雕和镂雕工艺雕琢折枝花卉葫芦，葫芦自然垂下，四周缠绕藤蔓，枝叶自然卷曲；一只猴子攀爬于藤蔓上，回首而望，活灵活现，背上阴刻线表现其毛发。寓意"福禄万代"。

189 清　冰种带绿松鼠葡萄

高 46.3 毫米　宽 75 毫米　厚 22.8 毫米

◆ 冰种，质地细腻，晶莹通透，通体淡绿色。以圆雕技法雕成松鼠葡萄形。松鼠身体卷曲，用尾巴包裹几乎满溢的葡萄，极尽可爱和机灵。葡萄松鼠题材寓意"多子多福""子孙万代"。

190 清　冰糯种红翡巧色松鼠葡萄

长 93 毫米　宽 31 毫米　厚 25 毫米

◆ 冰糯种，质地细腻，淡绿色。以圆雕和镂雕相结合工艺雕一葡萄藤蔓，枝叶繁茂，果实累累，两只松鼠攀爬于藤蔓之上，旁边一红翡巧色叶子，以阴刻线表现松鼠的尾巴和叶子的叶脉。松鼠葡萄寓意"多子多福"。

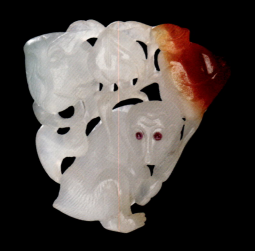

191 清　冰糯种红翡巧色灵猴献寿

长 49 毫米　宽 43.8 毫米　厚 15.1 毫米

◆ 冰糯种，质地细腻。一只活灵活现的灵猴呈侧身蹲踞状，以镶嵌的红宝石表现双眼，以细密的阴刻线表现毛发。灵猴前肢持桃枝，整个镂雕桃枝从灵猴身后探出，桃子丰盈饱满，其中两只桃子红翡巧色，猴与桃的结合，是为"灵猴献寿"。

—

192 清　糯种红翡猴

长 36.9 毫米　宽 14.7 毫米　厚 18.4 毫米

◆ 糯种，质地细腻，通体红翡。以圆雕工艺雕琢一猴，呈蹲踞状，俯首侧视，炯炯有神，一肢弯曲置于膝盖及腹部，一肢放置于头后。尾部上翘至后背，以阴刻线表现其毛发。

193 清　冰种持桃童子

高 57.2 毫米　宽 28.2 毫米　厚 18 毫米

◆　冰种，质地细腻，水绿色。以圆雕工艺雕
琢一站立童子，头顶凸起发髻，前额宽阔，开
脸立体感强，圆领长袍，一手执如意，一手
持折枝桃子，桃子在童子脑后，桃梗横卧于
左肩上。人物的雕琢上仍留有砣痕碾琢线条
及较早期的抛光痕迹。

194 清　糯种春带彩刘海金蟾

长 76.5 毫米　宽 51.6 毫米　厚 7.9 毫米

◆ 糯种,玉质细腻,带紫飘绿,俗称"春带彩"。镂雕刘海呈坐状,头发披于两侧,身着宽袖长袍,腰带垂于下摆,刘海一手挥动一根穿着镂雕铜钱的飘带,戏逗一只攀爬于其右腿的三足金蟾,金蟾为阳绿巧雕,浑圆可爱。另一手直指左前方,一只蝙蝠伏于飘带上。

摆处，左手挥动一根穿着镂雕钱币的飘带，戏逗一只攀爬于右肩的三足金蟾，金蟾为阳绿巧雕。

195 清　冰糯种春带彩刘海金蟾

长 64 毫米　宽 41 毫米　厚 14 毫米

◆ 冰糯种，质地细腻，带紫飘绿，俗称"春带彩"。以圆雕工艺雕琢赤足仙人刘海，头发披于两侧，笑容满面，身着宽袖长袍，腰带结节垂于身后下摆处，左手挥动一根穿着镂雕钱币的飘带，戏逗一只攀爬于右肩的三足金蟾，金蟾为阳绿巧雕。

196 清　冰糯种春带彩刘海金蟾

长 57 毫米　宽 42 毫米　厚 10 毫米

◆ 冰糯种，质地细腻，色泽莹润，春带彩。刘海头戴如意圈，头发后竖，腰带后垂于地，右腿站立，左腿弯曲于右腿后侧，脚心朝上，正挥动一根穿着铜钱的飘带，戏逗一只三足金蟾，金蟾为阳绿巧色，憨态可掬。

右腿站立，左腿弯曲，正挥动一根穿着铜钱的飘带，俯身戏逗一只三足金蟾，金蟾憨态可掬。

197 清　糯种春带彩刘海金蟾

长 63 毫米　宽 40 毫米　厚 7 毫米

◆ 糯种，玉质细腻，春带彩。镂雕赤足仙人刘海，头戴如意圈，头发后竖，以细阴刻线表现，笑容满面，身着布衣，腰带后垂于地，右腿站立，左腿弯曲，正挥动一根穿着铜钱的飘带，俯身戏逗一只三足金蟾，金蟾憨态可掬。

198 清　冰种红翡巧色喜上眉梢

长 62 毫米　宽 30 毫米　厚 17 毫米

◆ 冰种，质地细腻，带红翡。以浮雕工艺雕琢一
虬曲的粗壮枝干，镂雕出红翡巧色梅花，呈盛开状，
枝干上休憩一喜鹊，嘴衔梅枝，双翅收起，尾部
下垂，以阴刻线表现羽翅和尾翼。寓意"喜鹊登梅"。

爬于荷叶上，蟹壳微隆，壳上依形起伏，八足伸屈各异。另一侧镂雕荷叶和鸳鸯，呈回首状。

199 清　冰糯种阳绿巧色荷塘月色

长 51 毫米　宽 35 毫米　厚 15 毫米

◆ 冰糯种，质地细腻，阳绿巧色。以圆雕工艺雕琢一幅荷塘月色图。阳绿巧色荷叶，荷叶卷边，其上雕琢一只甲虫，一侧一只螃蟹正攀爬于荷叶上，蟹壳微隆，壳上依形起伏，八足伸屈各异。另一侧镂雕荷叶和鸳鸯，呈回首状。

200 清 冰种三娘教子

长 72 毫米　宽 36 毫米　厚 18 毫米

◆ 冰种，晶莹通透。以圆雕工艺雕琢一女子，头部稍向右倾斜，云髻高耸，眉眼温柔，左手执芭蕉扇，扇子位于脑后，右手抱一孩童，女子一腿站立，一腿弯曲搭于另一腿之上。

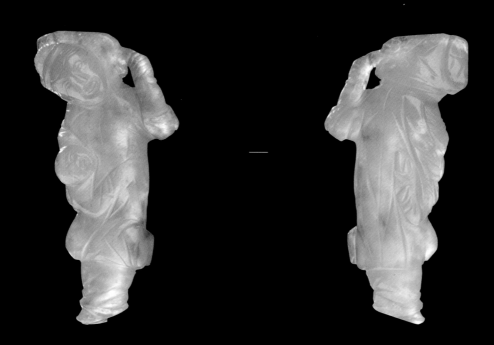

201 清　冰糯种刘海戏金蟾

长 44 毫米　宽 27 毫米　高 34 毫米

◆　冰糯种，质地细腻。以圆雕技法随形雕琢
两小童子，一童子呈坐状，手执铜钱，另一童
子呈跪卧状，双手抱金蟾。两童子圆髻，以
细密阴刻线表现头发，身穿宽袖长衣。

202 民国　冰种红翡巧色凤纹佩

长 67.3 毫米　宽 31.7 毫米　厚 8.6 毫米

◆ 冰种，质地细腻。以镂空技法表现展翅欲飞的凤，凤头部为红翡巧色，嘴衔如意绶带，身体呈 S 形，尾部卷曲，呈昂首振翅意欲上飞状，风姿劲健优美。

203 清　糯种红翡巧色瑞兽

高 36.5 毫米　宽 71.8 毫米　厚 20.5 毫米

◆ 糯种，质地细腻，色泽莹润，红翡巧色。圆雕瑞兽侧身伏卧，昂头回首，红翡巧作梅花，两者遥相呼应，整体线条流畅，张弛有度。

204 清　冰糯种红翡卧马

长 51.2 毫米　宽 32.1 毫米　厚 13 毫米

◆　冰糯种，质地细腻，通体红翡。马呈侧身回首伏卧状，长尾弯于身体左侧，以阴刻线表示。头较短，阴刻菱形眼，额前及颈后鬃毛下垂。背部凸起卷云纹。

伏卧状，体态丰腴饱满，头部微昂，菱形眼，嘴微闭，双耳下垂贴于两侧，尾部翘起。

205 清 冰糯种狗

高 24.5 毫米 宽 54.8 毫米 厚 16.5 毫米

◆ 冰糯种，质地细腻，色泽莹润。圆雕狗作伏卧状，体态丰腴饱满，头部微昂，菱形眼，嘴微闭，双耳下垂贴于两侧，尾部翘起。

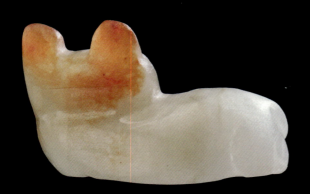

206 清 糯种红翡巧色猫

高 28.4 毫米　宽 34.3 毫米　厚 28.3 毫米

◆ 糯种,质地细腻,红翡巧色。圆雕猫呈卧状,双目圆睁,鼻子扁平,嘴角两边各雕三撇胡须,红翡巧色弧形双耳。呈侧身回首状,前肢环抱,后肢屈于身下,尾巴卷曲,贴于身侧。

207 清　冰糯种红翡巧色莲叶金蟾

长 50 毫米　宽 47 毫米　高 21 毫米

◆ 冰糯种，质地细腻。以圆雕技法雕琢红翡巧色莲叶，莲叶外卷，以阴刻线雕琢叶脉。莲叶上卧有一只金蟾，嘴衔莲茎，双目圆睁。

208 清　冰糯种阳绿金蟾

长 41.8 毫米　宽 38.5 毫米　厚 26.6 毫米

◆　冰糯种，质地细腻，阳绿。金蟾趴在叶子上，昂头，双目圆睁，嘴衔茎叶，前肢撑于身下，后肢蹬地。阴刻线表现阳绿叶子的叶永。此器充分利用了原材料的特色，浑然天成，趣味盎然。

209 清　冰糯种黄翡巧色蚌壳仙子

长 64.6 毫米　宽 39.4 毫米　厚 18.5 毫米

◆　冰糯种，质地细腻，带黄翡。以圆雕和镂雕相结合的工艺雕琢张开的蚌壳，以细阴线表现蚌壳的纹理，其中一片蚌壳为黄翡巧雕。蚌壳中间雕一仙子，胸前饰缨络，衣纹深浅适度，整件器物极具美感。

210 清　冰糯种飘蓝秋叶仕女

长 87.5 毫米　宽 61.5 毫米　高 35 毫米

◆ 冰糯种，质地细腻，色泽莹润，飘蓝花。圆雕仕女半躺于一片树叶上，左手置于头顶，右手执芭蕉扇，树叶筋脉用双阴刻线雕琢而成，脉络清晰可见。

211 清　糯种红翡莲鱼

长 58 毫米　宽 41 毫米　厚 27 毫米

◆ 糯种，质地细腻。以圆雕和镂雕工艺雕琢一尾鱼儿，嘴衔荷茎，荷叶内卷。鱼鳍鱼尾浮动之态如游曳水中，鱼尾翘起。寓意"年年有余"。

212 清　豆糯种红翡巧色年年有余

长 54 毫米　宽 39 毫米　厚 21 毫米

◆ 豆糯种，质地细腻，一面雕琢一尾鱼儿，鱼唇浑厚，双目圆睁，嘴衔莲茎，以阴刻线表现鱼鳞、鱼尾。另一面红翡巧色一尾鱼儿，莲叶舒卷，叶边微翘，以阴刻线表现叶脉。寓意"年年有余"。

213 清　冰糯种红翡巧色鹭鸶莲鱼

长 59.2 毫米　宽 44.5 毫米　厚 8.9 毫米

◆ 冰糯种，质地细腻。红翡巧色一尾鱼儿，双目有神，嘴衔荷茎，鱼尾雕成花瓣状。一鹭鸶立于荷茎之上，嘴衔红翡巧色荷叶。

头尾相连的两条鲶鱼。双鱼圆头圆脑，圆眼卷须，鱼身雕琢斜网格纹表示其鱼鳞，鱼尾以阴刻线表现。寓意"年年有余"。

214 清 冰种三色鲶鱼

长 64.2 毫米　宽 33.3 毫米　厚 14.1 毫米

◆ 冰种，质地细腻，有红、绿、紫三色。以镂空和圆雕工艺雕琢头尾相连的两条鲶鱼。双鱼圆头圆脑，圆眼卷须，鱼身雕琢斜网格纹表示其鱼鳞，鱼尾以阴刻线表现。寓意"年年有余"。

215 清　冰种紫罗兰鲶鱼

长95毫米　宽50毫米　厚14毫米

◆ 冰种，晶莹通透，淡紫色。以圆雕技法雕
琢两条游曳的鱼，大鱼双目圆睁，背部凸起
为鱼鳍，尾巴呈游曳状。小鱼追随大鱼尾部
一侧，灵活生动。鱼周边和身下镂雕荷茎粗壮、
荷叶舒卷。寓意"年年有余"。

216 清　冰种飘绿双鱼

长 99 毫米　宽 41 毫米　厚 11 毫米

◆　冰种，玉质细腻，淡绿色带黄翡。两尾鱼呈游走状，大鱼凸眼阔嘴，口衔荷叶枝，摆鳍甩尾，小鱼位于大鱼身侧，生动灵活。黄翡巧色镂雕荷茎。寓意"年年有余"。

217 清　冰糯种莲叶三鱼

长 83 毫米　宽 40 毫米　厚 20 毫米

◆　冰糯种,质地细腻,深绿色。以圆雕工艺雕琢三尾鱼,呈游走状,
凸眼阔嘴,口衔莲叶,摆鳍甩尾,鱼尾为花瓣形。寓意"年年有余"。

◆ 冰种，晶莹通透，带黄翡。首尾相对呈圆形，凸眼阔嘴，口衔
荷叶枝，两鱼两侧各雕一盛开的荷花，寓意"年年有余"。

 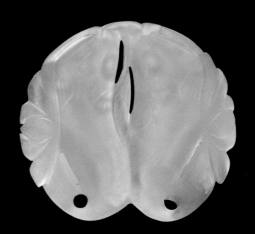

218 清　冰种双鱼

直径 58 毫米　厚 9 毫米

◆ 冰种，晶莹通透，带黄翡。首尾相对呈圆形，凸眼阔嘴，口衔
荷叶枝，两鱼两侧各雕一盛开的荷花，寓意"年年有余"。

219 清 冰种鲶鱼

长 78 毫米　宽 38 毫米　厚 10 毫米

◆ 冰种，玉质细腻，黄绿色。鲶鱼呈游走状，凸眼阔嘴，口衔镂雕荷枝，摆鳍甩尾，以阴刻线表现鱼鳞和尾鳍，以凸棱纹为背鳍。寓意"年年有余"。

220 清　冰种鲶鱼

长 91 毫米　宽 50 毫米　厚 16 毫米

◆ 冰种，晶莹通透，淡绿色。鲶鱼呈游走状，凸眼阔嘴，口衔镂雕荷枝，背部凸起，摆鳍甩尾，以阴刻线表现尾鳍，以凸棱纹为背鳍，上饰平行阴刻线。寓意"年年有余"。

221 清　冰种飘绿双鱼

长62毫米　宽34毫米　厚9毫米

◆ 冰种，玉质细腻，色彩丰富。两面各雕一
尾鱼，呈游走状，凸眼阔嘴，口衔镂雕荷枝，
摆鳍甩尾，以阴刻线表现鱼鳞、尾鳍和背鳍，
寓意"年年有余"。

222 清　冰糯种四鱼

直径46毫米　厚9毫米

◆　冰糯种，玉质细腻，带红翡。正背以浮雕
工艺雕琢四尾鲶鱼，呈圆形，鱼头似如意状，
双目圆睁，大嘴微张。寓意"年年有余"。

223 清 冰糯种飘蓝双鱼

长 58 毫米　宽 48 毫米　厚 7 毫米

◆ 冰糯种，玉质细腻，飘蓝花。两面各雕一尾鱼，呈游走状。寓意"年年有余"。

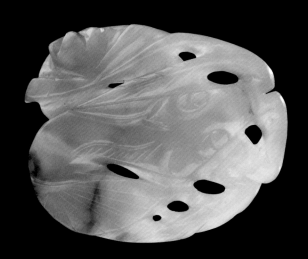

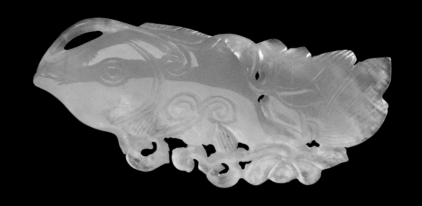

224 清　冰种鱼形佩

长 76 毫米　宽 33 毫米　厚 10 毫米

◆ 冰种，晶莹通透，淡绿色。鲶鱼呈游走状，体型肥硕，凸眼阔嘴，嘴衔荷茎，摆鳍甩尾，鱼尾上翘。镂雕荷茎粗壮通透，盈盈绽放的荷花以阴刻线雕琢出片片花瓣，寓意"年年有余"。

225 清　冰糯种红翡鲶鱼

长 69 毫米　宽 39 毫米　厚 9 毫米

◆ 冰糯种，质地细腻，色彩艳丽。以圆雕工艺红翡巧色一鲶鱼，鲶鱼呈游走状，体型肥硕，凸眼阔嘴，摆鳍甩尾，鱼尾上翘微卷。以阴刻线表现背鳍和尾鳍。寓意 " 年年有余 "。

226 清 冰种双鱼

长 99.4 毫米　宽 37.2 毫米　厚 8.9 毫米

◆ 冰种，晶莹通透，淡绿色。以圆雕技法雕琢两尾鱼儿，呈游走状，寓意年年有余。

琢一尾鱼儿，呈游走状，凸眼阔嘴，嘴衔荷茎，
摆鳍甩尾，寓意"年年有余"。

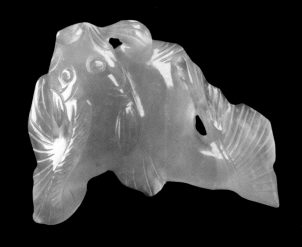

227 清　冰种双鱼

长 65.5 毫米　宽 50 毫米　厚 14.8 毫米

◆ 冰种，晶莹通透，淡绿色。以圆雕工艺雕
琢一尾鱼儿，呈游走状，凸眼阔嘴，嘴衔荷茎，
摆鳍甩尾，寓意"年年有余"。

228 清　冰糯种双鱼

长 55.5 毫米　宽 53.6 毫米　厚 9.4 毫米

◆ 冰糯种，质地细腻，淡绿色。以圆雕工艺
雕琢两尾鱼儿，呈跳跃游走状，凸眼阔嘴，嘴
衔荷茎，摆鳍甩尾。寓意"年年有余"。

状。鱼儿双目圆睁，嘴衔莲茎，以凸棱表现背鳍，两侧各雕米字纹。寓意"年年有余"。

229 清　冰糯种莲鱼

长 92 毫米　宽 26 毫米　厚 8 毫米

◆ 冰糯种，质地细腻，淡绿色。以圆雕工艺雕琢一尾鱼，呈游弋状。鱼儿双目圆睁，嘴衔莲茎，以凸棱表现背鳍，两侧各雕米字纹。寓意"年年有余"。

230 清　冰糯种双鱼

长96毫米　宽29毫米　厚9毫米

◆ 冰糯种，质地细腻，淡绿色。圆雕工艺雕
琢两条鱼儿，呈游弋状。寓意"年年有余"。

231 清 冰糯种阳绿巧色英雄斗志佩

长 54.5 毫米　宽 36.2 毫米　厚 9.1 毫米

◆ 冰糯种，质地细腻，阳绿巧色。以浅浮雕工艺雕琢一折枝松树，松树上空一鹰俯冲直下，松树下一熊，呈伏卧状，四肢屈于腹下。鹰和熊作相互怒视欲斗之势，"鹰"与"英"谐音，"熊"与"雄"谐音，寓意"英雄斗志"，是清代极受欢迎的题材。

232 清　冰糯种阳绿英雄斗志佩

长 54.4 毫米　宽 34.9 毫米　厚 7.4 毫米

◆ 冰糯种，质地细腻，通体阳绿。以浅浮雕工艺，一面为鹰，一面为松林中的熊，寓意"英雄斗志"。

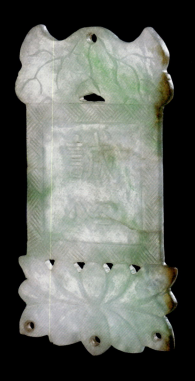 

233 清　冰糯种斋戒牌

长 79.6 毫米　宽 40.8 毫米　厚 2.9 毫米

◆　冰糯种，质地细腻，淡绿色。呈长方形。两面边沿一周细阴刻
线纹，一面刻"诚心"，另一面刻"斋戒"。牌上雕一荷叶，叶子舒卷，
牌下以镂雕工艺雕琢盛开的荷花。

234 清　冰糯种龙凤佩

长 65.3 毫米　宽 39.5 毫米　厚 7.8 毫米

◆　冰糯种，质地细腻，淡绿色。镂空雕琢一龙一凤。龙呈回首状，眼睛为菱形，张口鼓目，饰以透雕云纹，形象生动。凤身形灵动飘逸，姿态栩栩如生。

235 清 糯种飘绿龙首诗文牌

长 63 毫米　宽 35 毫米　厚 8 毫米

◆ 糯种，质地细腻，色泽莹润，飘绿。呈长方形，阴刻线开边框，
一面琢刻文字，一面雕竹节纹，阴刻线表示竹节，竹枝中穿插雕
出竹叶，以单阴刻线表示叶脉。牌头以镂雕工艺雕琢龙纹。

236 清 冰糯种龙首无事牌

高 59 毫米　宽 35 毫米　厚 8 毫米

◆ 冰糯种，玉质细腻，无色。长方倭角，镂雕龙首，龙回首而望，角后竖上卷，呈 S 形，尾部内卷。方牌素面，为平安无事牌。

239 清 冰种转心佩

直径 53 毫米 厚 7 毫米

◆ 冰种,晶莹通透。呈圆环形,样式玲珑奇巧,外环镂空精雕花卉纹,以阴刻线表现花瓣筋脉。内环周饰回纹,中心做转芯,可作 360°旋转,转芯中可见到清晰的加工痕迹,双面纹饰相同。

240 清　冰种福在眼前佩

直径52毫米　厚5毫米

◆ 冰种，色泽莹润，淡紫色。呈圆形，以镂雕工艺上下雕琢两只蝙蝠，镂雕两枚圆形方孔钱，钱上"福在眼前"四字，点明寓意。

241 清　冰糯种飘阳绿福在眼前佩

长 57.4 毫米　宽 46.2 毫米　厚 8 毫米

◆ 冰糯种，质地细腻，飘阳绿。镂雕两只蝙蝠环抱两枚圆形方孔
钱，一枚刻"福在眼前"四字，一枚线刻满文，蝙蝠与钱之间以
一条浅浮雕阴刻线连接，寓意"福在眼前"。

242 清　糯种五蝠捧寿转心佩

长 65.5 毫米　宽 60.7 毫米　厚 11.3 毫米

◆　糯种，质地细腻。呈圆环形，外环镂雕五只蝙蝠，内环满饰团寿纹，转芯为钱形纹饰，可作 360°旋转，寓意"五福捧寿、福在眼前"。

243 清　糯种带黄翡福在眼前佩

长 55.9 毫米　宽 41.7 毫米　厚 3.4 毫米

◆ 糯种，质地细腻，略带黄翡。雕琢一外圆内方的古钱，古钱上
有星月纹。蝙蝠展翅欲飞，环抱古钱，蝙蝠上雕琢卷云纹。为双
面工，两面纹饰相同。象征"福在眼前"。

244 清 冰种飘绿瓜果佩

长48毫米 宽37毫米 厚5毫米

◆ 冰种，晶莹通透，飘绿。呈长方形，镂雕花卉桃实，桃实饱满丰硕，枝叶自由舒展，花卉呈绽放状。

245 清　冰糯种阳绿瓜果佩

长 69 毫米　宽 40 毫米　厚 8 毫米

◆ 冰糯种，玉质细腻，带阳绿。镂雕瓜果，叶子自由舒展。

246 清　冰种阳绿寿星佩

长 50 毫米　宽 33 毫米　厚 8.5 毫米

◆ 冰种，晶莹剔透，荧光耀眼，正阳绿。镂雕一老者，骑于鹿背，
面露微笑，身着宽袖长袍，手持灵芝形如意。仙鹿回首而望，周
边祥云环绕。寓意"禄寿"。

247 清　冰种阳绿瓜瓞绵绵

长 23.5 毫米　宽 18.9 毫米　厚 5.8 毫米

◆ 冰种，晶莹通透，满阳绿。镂雕瓜果花卉，瓜藤缠绕蜿蜒，瓜叶悠然舒展。整体形象生动立体。瓜瓞绵绵寓意多子多孙，子孙绵延。有现代配置的金嵌托。

248 清　冰种带紫双桃佩

长 52.3 毫米　宽 35.7 毫米　厚 3.4 毫米

◆ 冰种，晶莹通透，带紫色。呈长方形。镂空雕琢折枝花卉纹，桃实饱满丰硕，花卉盛开，灵芝形如意从桃实中露出，茎叶自由舒展，花苞待放。

—

椭圆形孔。两面饰以卷云纹。两侧镂雕二龙，两龙首尾相对。

249 清　冰糯种飘阳绿双龙鸡心佩

长 56.3 毫米　宽 50.7 毫米　厚 7 毫米

◆　冰糯种，色泽莹润，飘阳绿。椭圆鸡心形，中有
一椭圆形孔。两面饰以卷云纹。两侧镂雕二龙，两龙
首尾相对。

250 清 冰糯种红翡双桃佩

长 78.7 毫米　宽 30.5 毫米　厚 8.4 毫米

◆ 冰糯种，玉质细腻，带红翡，色彩艳丽。寿桃娇艳欲滴，花卉呈开放状。有现代配置的金嵌托。

251 清　冰糯种三色双龙团寿佩

长 75.6 毫米　宽 50.5 毫米　厚 6.5 毫米

◆ 冰糯种,质地细腻,色彩丰富。镂雕双龙相对,口衔绣球,三角形眼,
角后竖,身躯卷曲,尾部卷曲成如意纹,折枝花卉桃实,茎叶自然
舒展卷曲,桃实饱满丰硕,中心镂雕寿字。寓意"福寿双全"。

252 清　冰糯种红翡巧色一叶獾

长 50.6 毫米　宽 20 毫米　厚 20 毫米

◆ 冰糯种，质地细腻。红翡巧色一片叶子，叶脉用阴刻线表现。叶子上卧有一只獾，枣核形双目，直鼻，大口微闭，尖耳倒竖，呈侧身回首状，四肢有力。寓意"一夜欢"。

253 清　冰糯种红翡巧色五蝠捧寿

长 3 毫米　宽 46.3 毫米　厚 3.6 毫米

◆ 冰糯种，质地细腻。镂雕五只蝙蝠，中间围绕寿字纹，五只蝙蝠双翅为红翡巧色。寓意"五福捧寿"。

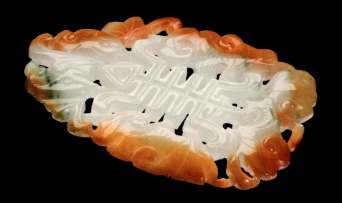

254 清　冰种子孙万代佩

长 83 毫米　宽 48 毫米　厚 6 毫米

◆ 冰种，色泽莹润，水绿色。镂雕大小葫芦，
藤蔓缠绵，叶片翻卷，蝙蝠盘于葫芦一侧，寓
意"子孙万代"。

255 清　冰糯种福绿万代

高 31.7 毫米　宽 43.9 毫米　厚 24.5 毫米

◆ 冰糯种，质地细腻，色泽莹润。镂空葫芦硕果累累，枝叶繁茂，寓意"福禄万代"。

256 清 糯种阳绿持莲童子佩

长61毫米　宽41毫米　厚7毫米

◆ 糯种，质地细腻，局部飘阳绿。镂雕一童子右手持莲，莲花呈含苞待放状，足踏莲叶，莲叶边舒卷。

257 清　冰糯种春带彩莲叶龙纹佩

长 61 毫米　宽 35 毫米　厚 15 毫米

◆ 冰糯种，质地细腻，春带彩。镂雕一蜿蜒前行的螭龙，菱形眼，角后竖，双耳卷于两侧，嘴衔如意形莲叶，龙身卷曲。荷叶自然舒卷。

258 清　冰糯种阳绿瓜瓞绵绵

长 61 毫米　宽 38 毫米　厚 45 毫米

◆ 冰糯种，质地细腻，满阳绿。圆雕瓜连藤
蔓枝叶，瓜藤缠绕蜿蜒，叶片悠然舒展，大瓜
圆润饱满，小瓜小巧精致，整体形象生动立体。
寓意多子多孙，子孙绵延。

259 清　糯种三色荷叶鹭鸶佩

长 59 毫米　宽 39 毫米　厚 6 毫米

◆ 糯种，质地细腻，色彩丰富。镂雕荷茎蜿蜒缠绕，荷叶舒卷，荷花绽放，一只鹭悠闲立于莲池旁，以阴刻线表现叶脉和鹭的双翅、腹部羽毛。青莲与"清廉"谐音，一鹭与"一路"同声，"一鹭青莲"隐喻"一路清廉"。

◆ 冰种，色泽莹润。呈圆形花瓣状。

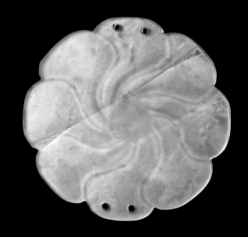

260 清　冰种花瓣形佩

直径 54.8 毫米　厚 3.26 毫米

◆ 冰种，色泽莹润。呈圆形花瓣状。

261 清　糯种黄翡双喜牌

长 65.7 毫米　宽 44.6 毫米　厚 4.6 毫米

◆　糯种，玉质细腻，呈长方形。以线刻和镂空工艺雕琢两个"喜"字。喜字上雕琢花卉纹。寓意"双喜临门"。

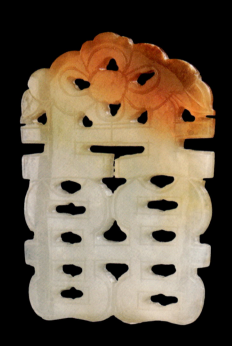

冰种，色泽莹润。呈圆形，以浅浮雕工艺
一面雕琢乳钉纹，一面雕琢勾云纹。

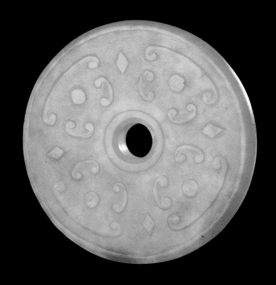

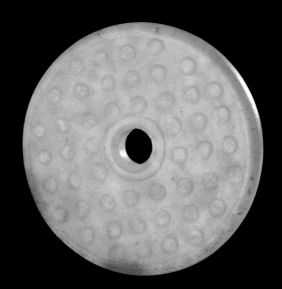

262 清　冰种星云纹璧

直径54毫米　厚5毫米

◆　冰种，色泽莹润。呈圆形，以浅浮雕工艺
一面雕琢乳钉纹，一面雕琢勾云纹。

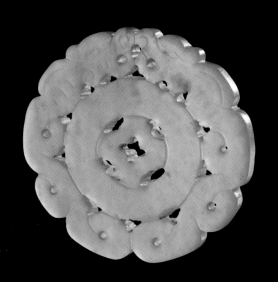

263 清　冰种双龙璧

直径53毫米　厚5毫米

◆ 冰种，晶莹通透。外环为镂空双龙、首
尾相对，内环为镂空钱纹。

264 清　糯种红翡双狮璧

直径53毫米　厚5毫米

◆　糯种，质地较为细腻，带红翡。镂空双狮
环绕，内为圆形璧状。双狮寓意"太师少师"
或"事事如意"。

265 清　糯种三彩蝶形佩

长 85.7 毫米　宽 49.3 毫米　厚 4.9 毫米

◆ 糯种，质地细腻，色彩丰富。以蝴蝶为造型，翅及腹部等以卷云纹雕琢而成。蝴蝶寓意"福迭连绵"。

266 清　糯种阳绿蝶形佩

长 118 毫米　宽 70 毫米　厚 3.7 毫米

◆　糯种，质地细腻，带阳绿。以蝴蝶为造型，蝶形佩上镂雕四枚铜钱。蝴蝶寓意"福迭连绵"。

267 清　糯种春带彩双钱蝴蝶佩

长 75 毫米　高 49 毫米　厚 6 毫米

◆ 糯种，质地细腻，春带彩。以蝴蝶为造型，蝶形佩上镂雕两枚铜钱。蝴蝶寓意"福迭连绵"。

268 清 冰种红翡双钱蝴蝶佩

长 115 毫米　高 55 毫米　厚 5 毫米

◆ 冰种，晶莹通透，带红翡。以蝴蝶为造型，
蝶形佩上镂雕两枚铜钱。蝴蝶寓意"福迭连绵"。

269 清 糯种阳绿花篮佩

直径54毫米 厚3.5毫米

◆ 糯种，质地细腻，飘阳绿。呈花篮状。镂
空雕琢花篮、花卉，两面纹饰相同。寓意花
开富贵。

开边框，一面线刻"福如东海"四字，另一面线刻"寿
比南山"四字。

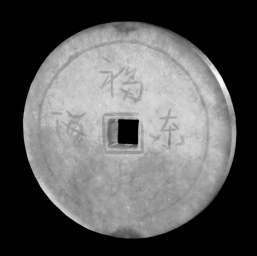

270 清 冰种"福如东海"钱形佩

直径 46 毫米　厚 5 毫米

◆ 冰种，晶莹通透。扁平圆形，内方外圆。阴刻线
开边框，一面线刻"福如东海"四字，另一面线刻"寿
比南山"四字。

271 清　冰种转心佩

直径 56 毫米　厚 7 毫米

◆ 冰种，晶莹通透。呈圆形花瓣状。外圈一
周卷云纹花瓣纹，内圈为双层转心。

272 清　冰糯种红翡团寿双钱佩

直径 54 毫米　厚 4.5 毫米

◆ 冰糯种，质地细腻，带红翡。外圈镂雕一周寿字纹，内圈上下各镂雕两只蝙蝠，中为双联钱纹。寓意"福寿双全""福在眼前"。

273 清　冰种飘绿双龙转心佩

直径 57 毫米　厚 7 毫米

◆ 冰种，色泽莹润，飘绿。线刻两条首尾相
联的龙纹，二龙交合，中为寿字转心，寓意"双
龙捧寿"。

274 清 冰种 "长命富贵" 钱形佩

直径 50 毫米　厚 6 毫米

◆ 冰种，质地细腻。圆形方孔。阴刻线三道分内外圈，外圈一周纵横排列的刻线纹，内圈一面线刻"长命富贵"四字，一面线刻"金玉满堂"四字。

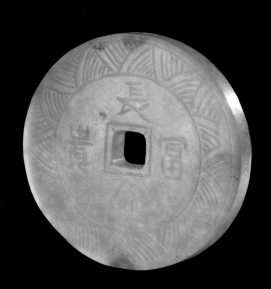

◆ 冰种,晶莹通透。呈圆形,外圆内方。一面线刻"三多九如"四字,另一面线刻"川流不息"。

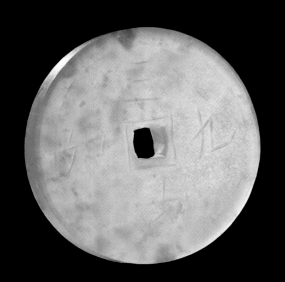 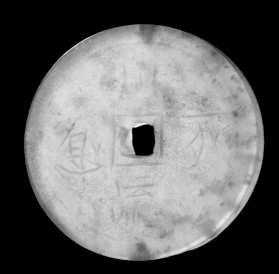

275 清 冰种"川流不息"钱形佩

直径43毫米 厚6毫米

◆ 冰种,晶莹通透。呈圆形,外圆内方。一面线刻"三多九如"四字,
另一面线刻"川流不息"。

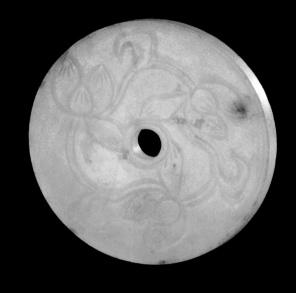

276 清　冰种八卦纹璧

直径48毫米　厚6毫米

◆　冰种，晶莹通透。一面线刻八卦纹。另一面环绕折枝花卉纹，枝叶婉转自然。

277 清 冰种"空山新雨后"璧

直径 52 毫米　厚 5 毫米

◆ 冰种，晶莹通透。一面线刻起伏的山峦，幽静的松林间，显露一角的亭台楼阁。另一面线刻"空山新雨后"五字。

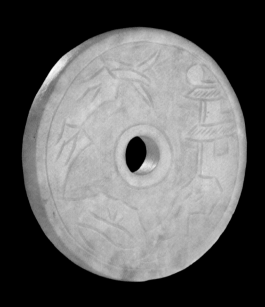

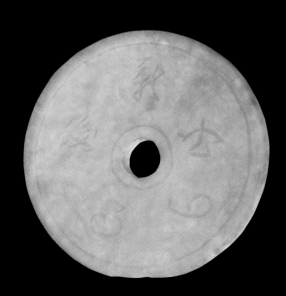

278 清 冰种"永保长春"钱形佩

直径 41.3 毫米　厚 5.9 毫米

◆ 冰种,晶莹通透。呈圆形,外圆内方。一面阴刻线"永
保长春"四字,另一面阴刻"长春不老"四字。

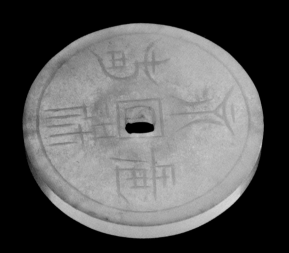 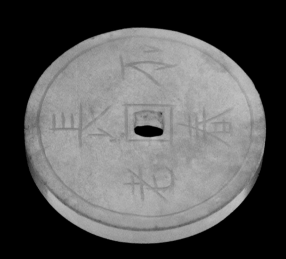

279 清 冰种团寿花纹璧

直径 54.7 毫米　厚 4.4 毫米

◆ 冰种，晶莹通透。圆形璧状。一面线刻盛
开的莲花纹，另一面线刻四个对称的寿字纹
图案和圆圈纹。

乳钉纹。另一面一周线刻团寿纹，出廓部分
镂雕一展翅飞翔的蝙蝠，寓意"福寿双全"。

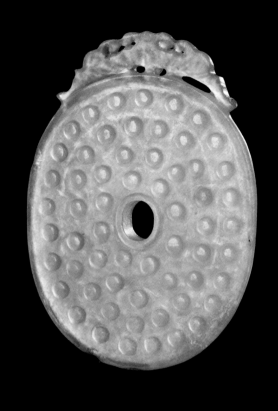

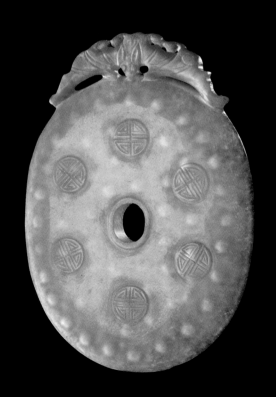

280 清　冰种团寿纹出廓璧

长 79 毫米　宽 52 毫米　厚 6 毫米

◆　冰种，晶莹通透，呈椭圆形。一面浅浮雕
乳钉纹。另一面一周线刻团寿纹，出廓部分
镂雕一展翅飞翔的蝙蝠，寓意"福寿双全"。

281 清　糯种素璧

直径50毫米　厚7毫米

◆ 糯种，质地细腻，淡蓝色。为扁平圆形，中有圆孔，外壁较不规则。

282 清　冰糯种"永保长寿"双龙锁牌

长71毫米　宽44毫米　厚6毫米

◆ 冰糯种，质地细腻，淡绿色。整体造型为长方形锁型，两边镂
雕双龙，三角形眼，嘴大张，龙须前卷，角上卷，身躯以卷云纹雕琢。
牌身中央两面各阴刻"永保""长寿"。锁牌为清代西南地区流行
佩饰，以银链佩挂于项上。

283 清 冰糯种 "状元及第" 双龙锁牌

长 79 毫米　宽 55 毫米　厚 8 毫米

◆　冰糯种，玉质细腻，淡绿色。两边镂雕双龙相对，角上卷，身躯以阴刻卷云纹雕琢。牌身一面中央、上、下阴刻线雕四个寿字纹，寓意"双龙捧寿"。另一面上下各阴刻两个寿字纹，中央阴刻"状元及第"四字。

288 清 冰种"金玉满堂"锁牌

高 55 毫米　长 70 毫米　厚 5 毫米

◆ 冰种，晶莹通透。一面周饰回形纹边框，中间阴刻凤纹，凤呈展翅飞翔状，尖嘴长颈，凤左右两边刻团寿纹。另一面周饰回形纹边框，中为"金玉满堂"四字。左右两边为团寿纹。

289 清 冰种"富贵长命"双龙锁牌

长 54 毫米　高 46 毫米　厚 6 毫米

◆ 冰种，晶莹通透，淡绿色。该锁牌为如意造型。两边镂雕双龙
相对，身躯以阴刻线卷云纹雕琢。牌身两面阴刻"富贵""长命"。

290 清　冰种"长命富贵"如意锁牌

长 72 毫米　高 58 毫米　厚 7 毫米

◆　冰种，晶莹通透。该锁牌为如意造型，以两道阴刻线卷云纹开
边框，牌身阴刻线"长命富贵"，背为双狮戏球纹。

291 清　冰种"永保长春"双龙首锁牌

长54毫米　高48毫米　厚7毫米

◆　冰种，色泽莹润。该锁牌为如意造型。双龙首，以阴刻线简单
雕琢出龙的轮廓。牌身两面阴刻线"永保""长春"。

292 清　冰种三色"福寿康宁"如意锁牌

长84毫米　高59毫米　厚5毫米

◆ 冰种，晶莹通透，色彩丰富。该锁牌为如意造型。一面浅浮雕卷云纹，中间为"福寿康宁"四字。另一面饰福山寿海。

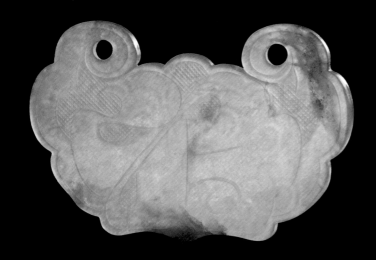

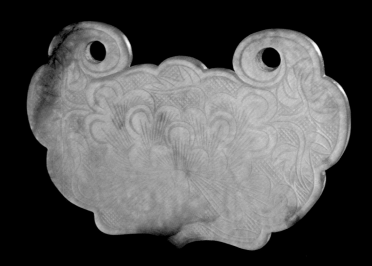

293 清 冰种"福"字如意锁牌

长 102 毫米　高 68 毫米　厚 5 毫米

◆ 冰种，晶莹通透。该锁牌为如意造型。两面以阴刻线如意形开
边框，一面雕琢"福"字纹饰。另一面雕琢牡丹花卉纹。工艺精湛。

294 清 冰糯种 "福寿" 如意锁牌

长 107 毫米　宽 44 毫米　厚 5 毫米

◆ 冰糯种，质地细腻。该锁牌为如意造型。两面以阴刻线如意形
开边框，一面雕琢 "福" 字纹饰，另一面 "寿" 字纹，两面下层
地纹满布网格纹。

295 清 冰种"一品当堂"双龙首锁牌

长 58 毫米　高 51 毫米　厚 6 毫米

◆ 冰种，玉质细腻。该锁牌为如意造型。牌首双龙相对，以阴刻线简单雕琢出龙的轮廓。牌身两面以双阴刻线雕琢如意形，中央阴刻"一品""当堂"四字。

296 清 冰种"永保长春"双龙首锁牌

长54毫米　高46毫米　厚8毫米

◆ 冰种，玉质细腻，淡紫飘绿。该锁牌为如意造型。牌首双龙相
对，以阴刻线简单雕琢出龙的轮廓。牌身两面以双阴刻线雕琢龙
纹，中央阴刻"永保""长春"四字。

297 清　糯种"三多九如"双龙首锁牌

长58毫米　高49毫米　厚6毫米

◆ 糯种，玉质细腻，淡绿色。该锁牌为如意造型。牌首双龙相对，
以阴刻线简单雕琢出龙的轮廓。龙身、龙尾镂雕呈卷云纹。牌身
两面以双阴刻线雕琢如意形，中央阴刻"三多""九如"四字。

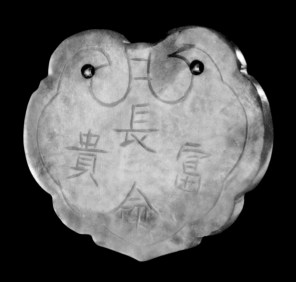 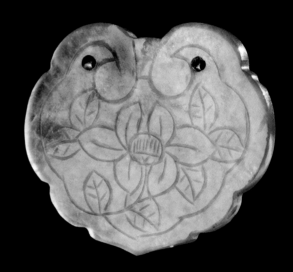

298 清 冰种"长命富贵"如意锁牌

高 51 毫米　宽 55 毫米　厚 5 毫米

◆ 冰种，晶莹通透，淡紫色，无色。呈如意形状。两面阴刻线开
如意形边框，一面雕琢折枝花卉纹。另一面刻"长命富贵"四字。

299 清 冰种"寿比南山"如意锁牌

长73毫米 宽60毫米 厚7毫米

◆ 冰种，晶莹通透，淡紫色。呈如意形。以阴刻线开边框，一面
上下各雕团寿纹和莲花纹，中间"寿比南山"四字。另一面福山
寿海图。寓意"福寿双全"。

300 清 冰糯种黄翡巧色"指日高升"马蹄形扳指

直径 30 毫米　高 30 毫米

◆ 冰糯种，质地细腻。马蹄形扳指。黄翡巧雕一老者，长须垂于胸前，神态祥和，身着宽袖长袍，抬头手指初升的旭日，寓意"指日高升"。

301 清 冰糯种黄翡巧色双喜马蹄形扳指

直径 29.5 毫米 高 26.5 毫米

◆ 冰糯种，质地细腻。呈马蹄状，黄翡巧色，以浅浮雕工艺雕琢
双喜字纹，寓意"双喜临门"。

302 清 糯种红翡巧色马蹄形扳指三件

大 直径 35.5 毫米 高 30.6 毫米
小 直径 32.8 毫米 高 26.7 毫米

◆ 糯种，质地细腻。三件扳指均呈马蹄状，红翡巧色，大小不一。
整器光素。

◆ 冰种，晶莹通透。呈马蹄状，红翡巧色。

303 清　冰种红翡马蹄扳指

直 32.4 毫米　高 28.6 毫米

◆ 冰种，晶莹通透。呈马蹄状，红翡巧色。

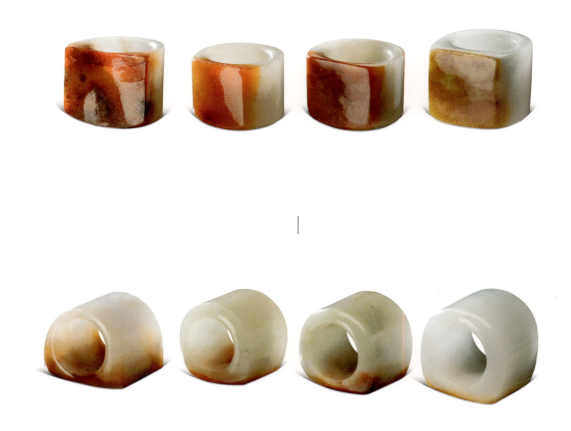

304 清　糯种红翡巧色马蹄形扳指四件

大　直径 37.7 毫米　高 28.6 毫米

小　直径 29.8 毫米　高 25.1 毫米

◆ 糯种，质地细腻。四件扳指均呈马蹄状，红翡巧色，大小不一。

305 清　冰糯种飘紫扳指两件

大　直径 35 毫米　高 23 毫米
小　直径 30.9 毫米　高 25.9 毫米

◆ 糯种，质地细腻，局部带淡绿色和紫色。整器光素。

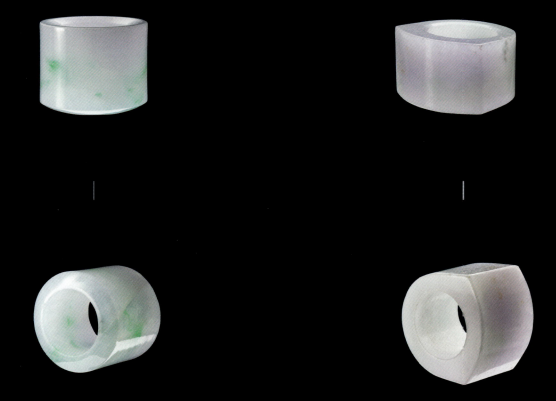

306 清　冰糯种飘绿筒形扳指三件

大　直径 3.6 毫米　高 28.9 毫米
小　直径 29.6 毫米　高 24.8 毫米

◆ 冰糯种，质地细腻，飘绿。呈圆筒状，大小不一。整器光素。

307 清　冰种红翡筒形扳指四件

大　直径 32.5 毫米　高 25 毫米

小　直径 27.1 毫米　高 21.1 毫米

◆ 冰种,晶莹通透。呈圆筒状,局部带红翡,大小不一。整器光素。

308 清 冰种带工筒形扳指四件

大　直径 29.8 毫米　高 22.6 毫米
小　直径 26.3 毫米　高 22.6 毫米

◆ 冰种，质地细腻，色泽莹润。呈圆筒状，大小不一。扳指上下
圈口一周回纹，中间以浅浮雕工艺分别雕琢勾云纹、团寿纹，折
枝花卉纹。

309 清　冰糯种阳绿筒形扳指六件

大　直径 35 毫米　高 28.2 毫米
小　直径 30 毫米　高 26.3 毫米

◆ 冰糯种，质地细腻，白底青，局部飘绿。呈圆筒状，大小不一。整器光素。

310 清 冰种筒形扳指四件

大 直径 29.7 毫米 高 27 毫米
小 直径 27.5 毫米 高 23.1 毫米

◆ 冰种，晶莹通透。呈圆筒状，大小不一。
整器光素。

311 清 冰种阳绿束腰扳指

直径 26 毫米　高 31 毫米

◆ 冰种，晶莹通透，飘阳绿。呈束腰状。

冰种，晶莹通透，飘蓝花。

312 清　冰种飘蓝筒形扳指

内径 21.7 毫米　外径 33.9 毫米　高 27.1 毫米

◆ 冰种，晶莹通透，飘蓝花。

313 清 糯种春带彩筒形扳

直径 32.5 毫米　高 25.8 毫米

◆ 糯种，质地细腻，紫色飘阳绿，俗称
带彩"。整器光素。

314 清　糯种涂色仿阳绿筒形扳指

高 26.6 毫米　直径 31.2 毫米

◆ 糯种，质地细腻。呈圆筒状，内有银套。此器在扳指内壁上先掏出凹槽，于凹槽内涂绿色染料，仿阳绿效果。银套是为了掩盖这种涂色工艺方式。

315 明 冰种回纹戒（两只）

大　直径 23 毫米　厚 7.6 毫米
小　直径 23.7 毫米　厚 7.3 毫米

◆ 冰种，色泽莹润，泛淡黄色。呈宽条圆环状，器表满饰阴刻回纹。

316 清　冰糯种红翡巧色马鞍戒（两只）

大　长直径 26 毫米　高 8.5 毫米
小　直径 23.3 毫米　高 7.3 毫米

◆ 冰糯种，质地细腻，马鞍形状，红翡巧雕。

317 清 冰种阳绿马鞍戒（三只）

大 直径 28 毫米 厚 9.9 毫米
小 直径 23 毫米 厚 7.3 毫米

◆ 冰种，晶莹通透，阳绿巧色。大小不一。

318 清　冰糯种春带彩扁条镯

外径 72.1 毫米　内径 53.7 毫米

◆ 冰糯种，质地细腻，春带彩，色彩丰富。
呈圆环扁条状，俗称"泥鳅背"。

319 明 糯种双龙抢珠镯

外径 76.7 毫米　内径 55 毫米

◆ 糯种，质地细腻，淡绿色，此类俗称"油青种"。呈圆环扁条状。以圆雕工艺琢成二龙戏珠，双龙首，眼高凸，长角，张口露齿衔珠。

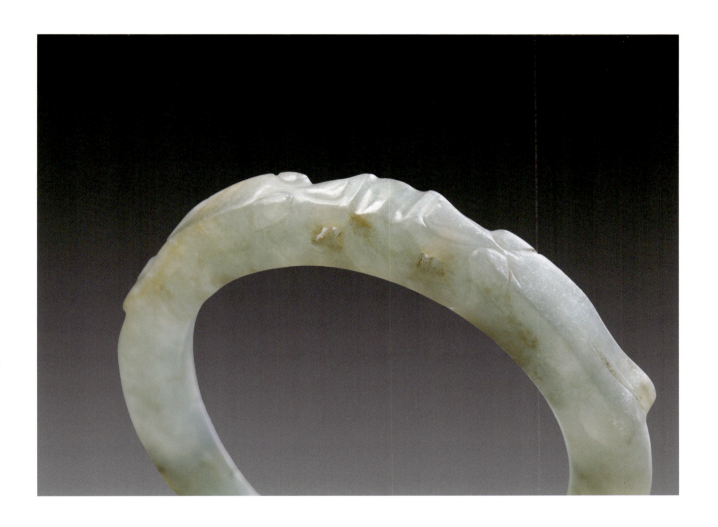

320 明 冰糯种红翡巧色双龙抢珠镯

外径 74.6 毫米　内径 54.9 毫米

◆ 冰糯种，质地细腻，红翡巧色。呈圆环扁条状。以圆雕工艺琢
成二龙戏珠，红翡巧色龙首，双龙首，眼高凸，长角，张口露齿衔珠，
以细阴刻线雕琢龙发。

321 明 糯种竹节纹镯

外径 77 毫米　内径 59.8 毫米

◆ 糯种，质地细腻，略带黄翡。呈圆环状。器表三分之一处雕琢竹节纹，其余手镯部分素面无纹。疑似为未加工完成的半成品。

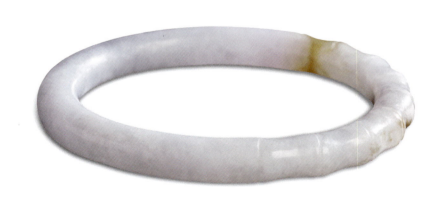

322 清　糯种双龙抢珠绞丝镯

外径78毫米　内径61毫米

◆ 糯种,质地细腻。呈圆环状。以圆雕工艺琢成二龙戏珠,双龙首,眼高凸,卷云纹耳,长角后竖,张口露齿衔珠,以细阴刻线雕琢龙发。其余部分器表琢成绞丝纹。

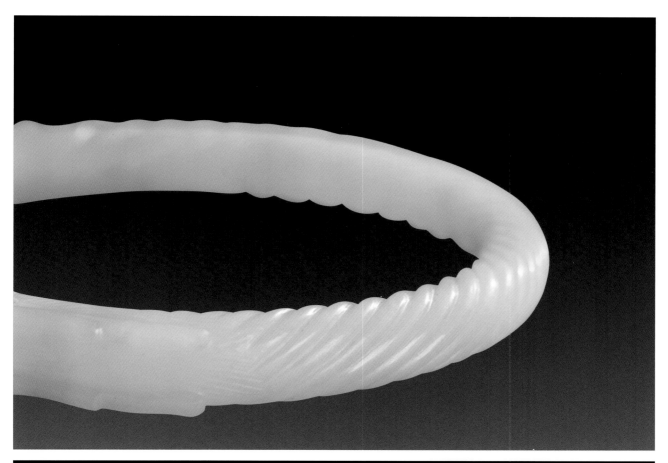

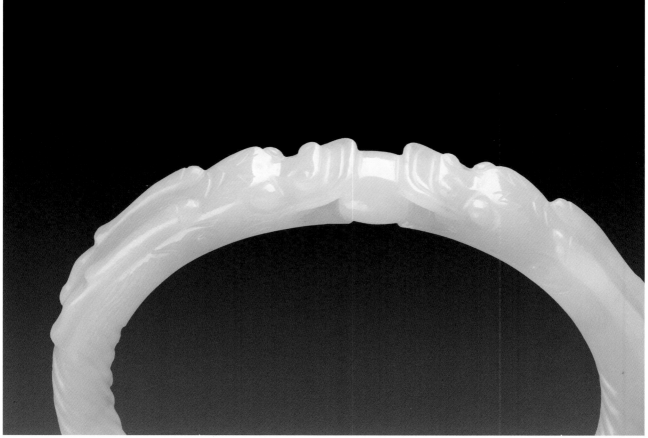

323 清　冰糯种绞丝镯

外径 80.3 毫米　内径 61.7 毫米

◆　冰糯种，质地细腻。呈圆环状。器表以
线刻技法琢成绞丝纹。

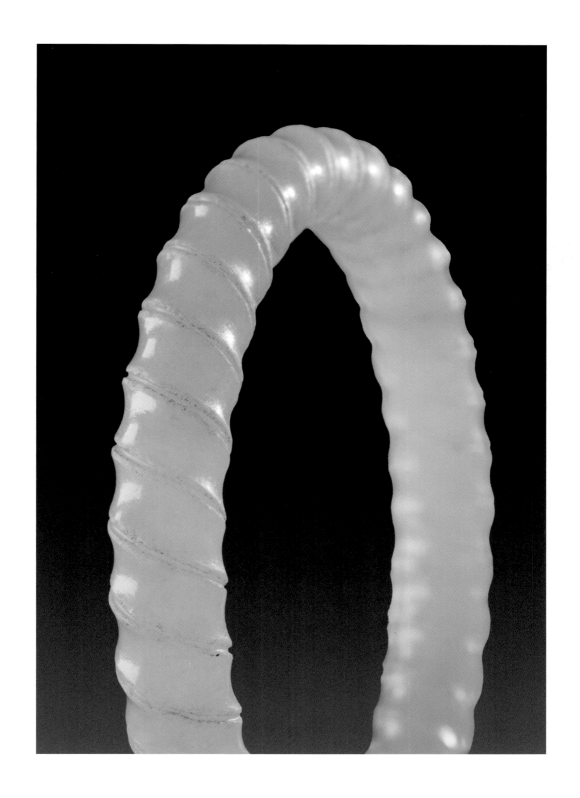

324 清 冰糯种绞丝镯

外径 75.7 毫米 内径 56.7 毫米

◆ 冰糯种，质地细腻。呈圆环状。器表琢成
绞丝纹。

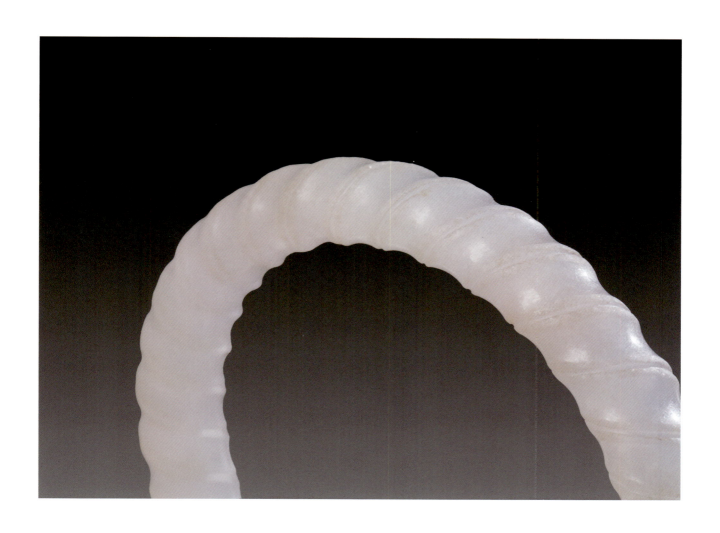

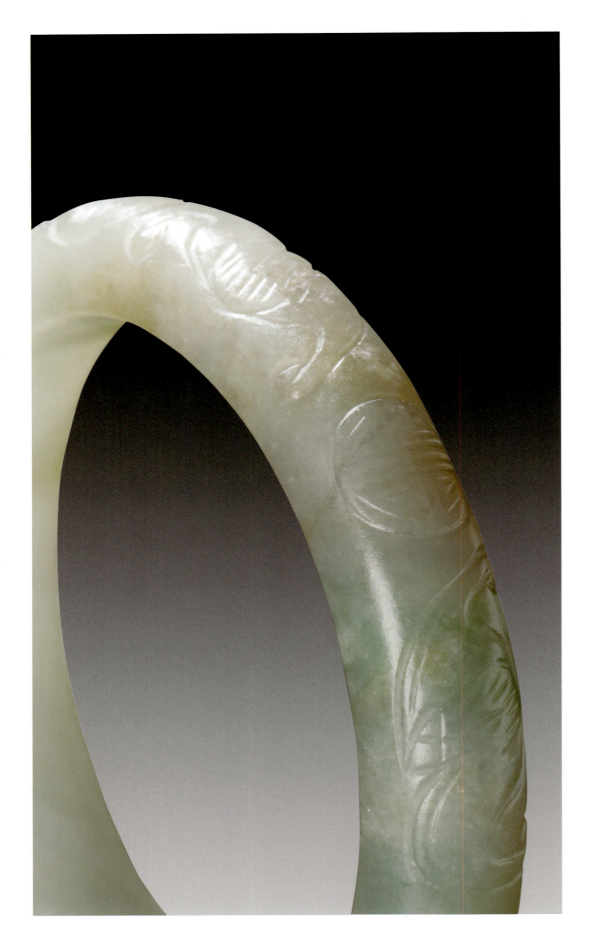

325 明　糯种五福捧寿镯

外径 77.8 毫米　　内径 59.8 毫米

◆ 糯种，质地细腻，飘绿。呈圆环扁条状。器表饰五只蝙蝠，蝙蝠之间阴刻线团寿纹。

326 明 糯种葵花纹镯（一对）

外径 75.6 毫米　内径 60.5 毫米

◆ 糯种，质地细腻。为一对，呈扁平圆环状，满工，器表以浅浮雕工艺雕琢折枝葵纹，枝叶舒展，有含苞待放状，有盛开状。

327 清　冰种带紫竹节形镯

外径 57.3 毫米　内径 44.8 毫米

◆　冰种，晶莹剔透淡紫色。呈扁平圆环状。满工，器表浅浮雕两节并列的竹节纹，双阴刻线表示竹节，竹枝中穿插雕出三片竹叶，以单阴刻线表示叶脉。

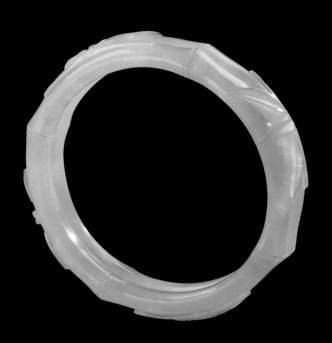

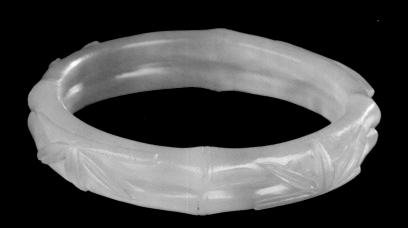

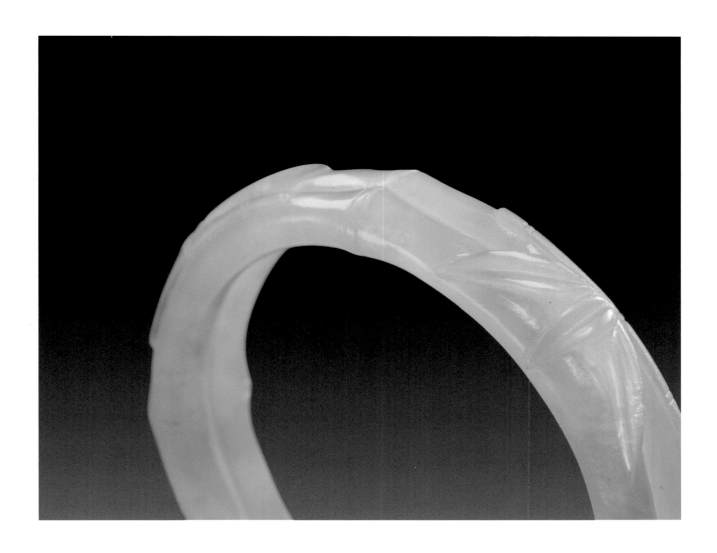

328 清　冰糯种飘绿镯

外径69.6毫米　内径52毫米

◆ 冰糯种，质地细腻，淡绿，局部有土沁。
呈圆环状。

329 清　糯种镯

外径 78 毫米　内径 56.6 毫米

◆ 糯种，质地较为细腻，通体土沁。呈圆
环状。

330 清 冰糯种红翡镯

外径 79.1 毫米　内径 59.1 毫米

◆ 冰糯种，质地细腻，淡黄色带黄翡。呈
圆环状。

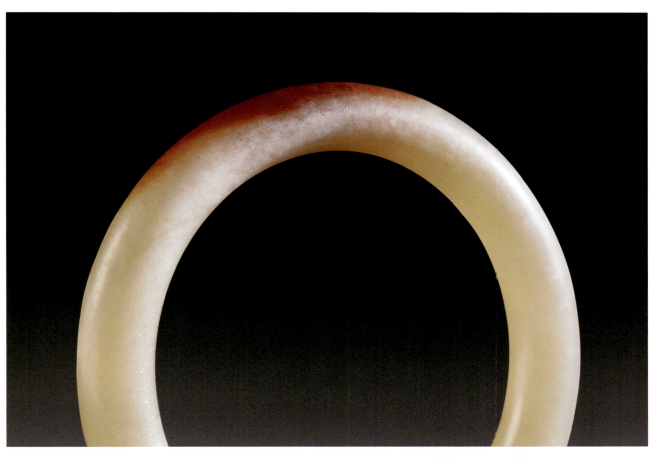

331 清 冰种阳绿马蹄镯

长 78.2 毫米　宽 67.4 毫米　条粗 10 毫米

◆ 冰种，色泽莹润，阳绿，通体土沁。内圈略平直，外圈扁圆形，
区别于传统的手镯。

332 清　冰种春带彩镯（一对）

内径 55.8 毫米　外径 74.4 毫米

◆ 冰种，晶莹通透，春带彩。呈圆环形。

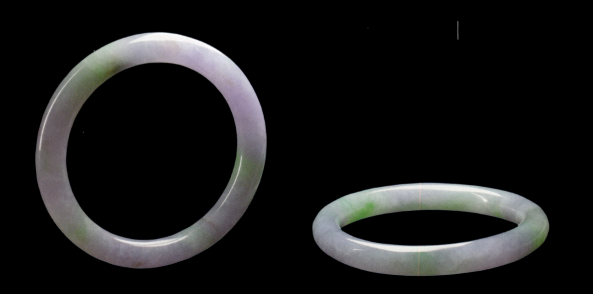

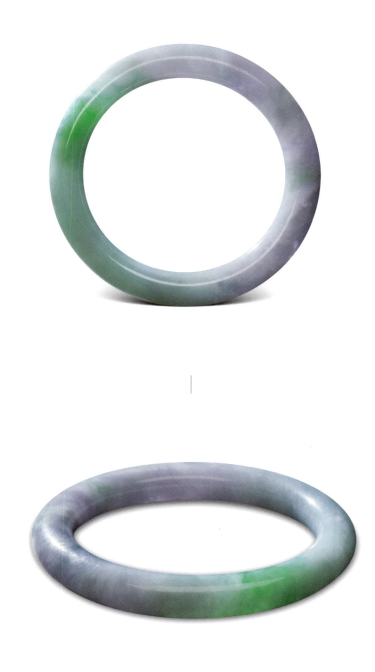

333 清　糯种春带彩镯

外径 79.3 毫米　内径 58.4 毫米

◆ 糯种，质地细腻，春带彩。呈圆环状。

◆ 冰种，晶莹剔透，飘蓝花。呈圆环状。

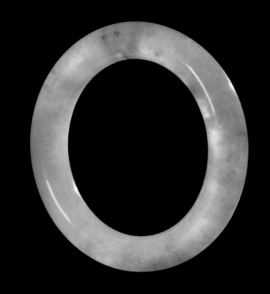

334 清 冰种飘蓝镯

外径 78 毫米 内径 58.7 毫米

◆ 冰种，晶莹剔透，飘蓝花。呈圆环状。

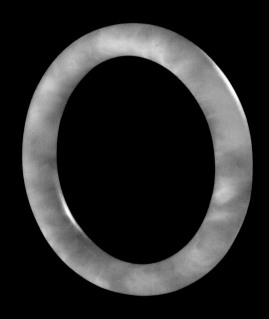

335 清　冰种镯

外径 82.5 毫米　内径 61.8 毫米

◆ 冰种，晶莹剔透，泛淡蓝色。呈圆环状。

◆ 冰种，晶莹剔透，飘蓝花，色彩丰富。

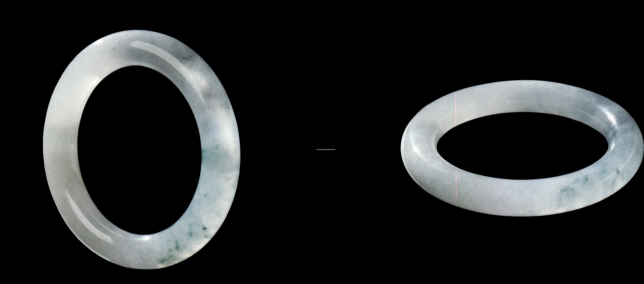

336 清　冰种飘蓝镯

外径 76.8 毫米　内径 53.5 毫米

◆ 冰种，晶莹剔透，飘蓝花，色彩丰富。

337 清 冰种飘蓝镯

外径 76.6 毫米　内径 53.5 毫米

◆ 冰种，晶莹剔透，飘蓝花。

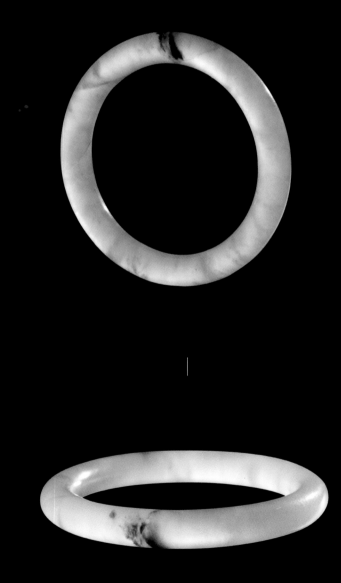

338 清　冰种带绿镯

外径 79.8 毫米　内径 58.3 毫米

◆ 冰种，晶莹通透，淡绿色，此种颜色俗
称"苹果绿"。

339 清 冰种阳绿镯

外径 73.6 毫米　内径 56.3 毫米

◆ 冰种，种质极佳，局部飘阳绿。

340 清　糯种阳绿镯

外径73.5毫米　内径53.4毫米

◆ 糯种，质地细腻，局部有土沁，飘阳绿。

341 清 糯种阳绿镯（一对）

外径 76.6 毫米　内径 59.8 毫米

◆ 糯种,玉质细腻均匀,局部飘阳绿。为一对,
呈圆环状。

342 清 冰种镯（一对）

外径 72.5 毫米　内径 52.8 毫米

◆ 冰种，晶莹剔透。为一对，呈圆环状。

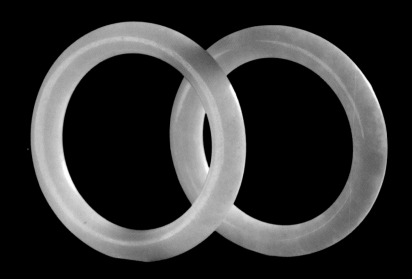

343 清 糯种紫罗兰镯（一对）

外径 79.8 毫米　内 57.3 毫米

◆ 糯种，玉质细腻均匀，通体紫色。为一对，呈圆环状。

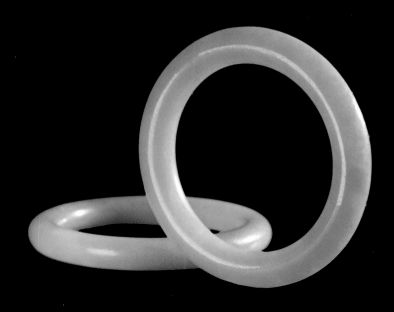

344 清 冰种三色镯

外径 82.6 毫米　内径 59.8 毫米

◆ 冰种，晶莹剔透，局部飘红翡和蓝花。

345 清　冰糯种红翡镯

外径 82 毫米　内径 58 毫米

◆ 冰糯种，质地细腻，色泽莹润。局部飘红
翡及蓝花。

346 清　冰糯种红翡镯

外径 71.8 毫米　内径 55.6 毫米

◆ 冰糯种，质地细腻，局部飘红翡，色彩艳丽。

347 清　冰糯种红翡镯

外径 70 毫米　内径 52.9 毫米

◆ 冰糯种,质地细腻,局部飘红翡,色彩艳丽。

348 清　冰种红翡镯

外径 73.5 毫米　内径 56.2 毫米

◆ 冰种，质地细腻，色泽莹润，局部飘红翡。

349 清　冰糯种红翡镯

外径 73.5 毫米　内径 57.2 毫米

◆ 冰糯种，质地细腻温润，局部飘红翡。

350 清　冰糯种红翡镯

外径 79 毫米　内径 58.8 毫米

◆ 冰糯种，色泽莹润，局部飘红翡和淡绿色。

351 清 冰糯种紫罗兰镯

外径 72.9 毫米　内径 55.6 毫米

◆ 冰糯种，质地细腻，紫罗兰色带红翡，俗称"红春"。

352 清　烤色红翡镯

外径78.3毫米　内径60.1毫米

◆ 糯种，质地细腻。天然的红色翡翠很少，此件手镯局部红翡为烤色，即是将褐红色、棕色或者褐黄色等烤成红色，以营造红翡、黄翡的效果，烤色红翡是清代翡翠加工的传统工艺。

353 清　烤色红翡镯

外径 84.6 毫米　内径 64.7 毫米

◆ 糯种，质地为颗粒状。器表中红翡为人工烤色，非天然形戓。

354 清　冰糯种三色镯

外径 73.9 毫米　内径 56.1 毫米

◆ 冰糯种，质地细腻，红、绿、紫三色。同时具有绿、红、紫三种颜色，俗称为"福禄寿"。

355 清 冰糯种红翡镯

外径 78.5 毫米　内径 59.3 毫米

◆ 冰糯种，质地细腻，色泽莹润，局部飘红翡。

356 清 镯一组

◆ 种地不一,玉质细腻,色泽莹润,飘绿花。
有断裂和修补痕迹,为传统玉器修补技艺。

228

357 清 冰种环

直径 32 毫米

◆ 冰种，晶莹通透，泛紫色和淡绿色。扁平
圆环状。

◆ 冰糯种，质地细腻，色泽莹润，飘阳绿。

358 清　冰糯种阳绿环

直径33毫米

◆ 冰糯种，质地细腻，色泽莹润，飘阳绿。

◆ 冰种，玉质细腻，晶莹通透。

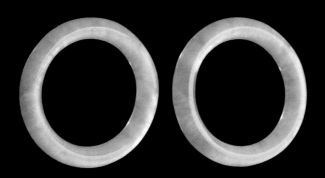

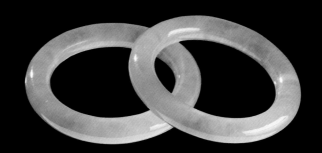

359 清 冰种环（一对）

直径 39 毫米

◆ 冰种，玉质细腻，晶莹通透。

360 清　冰种环

直径 33 毫米　厚 6 毫米

◆ 冰种，晶莹通透，局部飘黄翡。

361 清 金钩糯种阳绿耳环（一对）

通高 39 毫米   直径 27 毫米   厚 1.3 毫米

◆ 糯种，质地细腻，通体黄绿色相间，圆环呈玉璧状，为女性耳
饰品，套花瓣形金钩为明代形制，所嵌宝石遗失。

362 清 金钩冰种阳绿耳环 （一对）

通高 40 毫米 直径 26.1 毫米 厚 2.1 毫米

◆ 冰种，晶莹通透，深绿色。圆环呈玉璧状。为女性耳饰品，套如意形金钩。

363 明　冰种翠耳勾（三对）

高 27 毫米

◆ 冰种，质地细腻，色泽莹润，有黄翡、飘蓝花，色彩丰富。以
圆雕工艺雕琢 S 状耳勾，底部为蘑菇状。三对耳环大小不一，为
女性饰品，为明末云南地区特有饰品。

364 清　银鎏金钩冰种飘蓝耳环（一对）

直径 26 毫米

◆ 冰种，晶莹通透，飘蓝花。圆环扁平状，单面钻孔，为女性耳
饰，环套银鎏金钩。

365 清 冰种阳绿耳环（一对）

直径 17 毫米

◆ 冰种，玉质均匀而细腻，晶莹剔透，色为正阳绿。雕琢为花卉形，花蕊用斜方格表现。耳钩为榫卯状钩环。

366 清 冰种飘阳绿浅浮雕"乾隆通宝"钱形平安扣（一对）

直径 24.3 毫米 厚 1.1 毫米

◆ 冰种，晶莹剔透，正阳绿，平安扣呈钱币形，正面浅浮雕"乾隆通宝"。为耳环配饰。

◆ 冰种，晶莹剔透，飘蓝花。圆环扁平状，为女性耳饰配件。

367 清 冰种飘蓝花平安扣（一对）

直径 24 毫米

◆ 冰种，晶莹剔透，飘蓝花。圆环扁平状，为女性耳饰配件。

368 清 糯种平安扣 26 件

约直径 28 毫米 厚 2 毫米

◆ 种地不一，为耳环配饰。

369 清 阳绿平安扣四件

直径24毫米　厚2毫米　大小不一

◆ 种地不一,质地细腻,飘阳绿。为耳环配饰。

370 清　冰糯种活环耳环（一对）

通长 49 毫米　直径 7 毫米

◆ 冰糯种，质地细腻，飘绿。以镂空工艺雕琢三联环，后配金扣。

蝈趴于枝叶上，寓意多子多孙，福寿延年。

371 清　冰种阳绿蝈蝈豆角耳坠（一对）

左长 60 毫米　宽 16.8 毫米　厚 5.05 毫米
右长 60 毫米　宽 16.96 毫米　厚 4.97 毫米

◆ 冰种，质地细腻，满阳绿。耳坠上部分为菱形团寿纹，下部分
以镂雕和浮雕工艺雕琢折枝豆角，豆角饱满丰硕，枝叶舒卷，蝈
蝈趴于枝叶上，寓意多子多孙，福寿延年。

372 清　琥珀配翡翠朝珠（一套）

长 850 毫米

◆ 此串朝珠共 108 颗，为血珀组成，每 27 颗间穿入一粒翡翠大珠，大珠共四颗，这称为隔珠，其中一分珠连接翡翠佛头，以黄绦与背云相连，垂在身后的背云亦为白底青翡翠，坠角是一颗阳绿翡翠。在朝珠两侧，有三串翡翠小珠，各 10 粒，称为"记捻"。按清《会典》规定：自皇帝、后妃到文官五品、武官四品以上，皆可配挂朝珠，对于佩带何种质地的朝珠，也有严格的区分和等级规定。

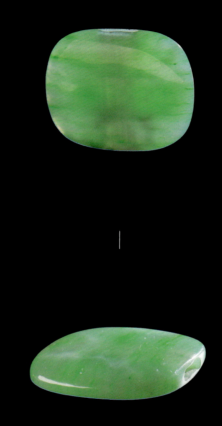

373 清 冰糯种阳绿背云

长 47 毫米 宽 38 毫米 厚 7 毫米

◆ 冰糯种，质地细腻，阳绿色，此种色俗称"金丝种"。扁椭圆形，通天孔，素面无纹。背云，又名背鱼儿，清代朝珠中的重要组成部分。清代朝珠是由 108 粒珠贯穿而成，每隔 27 粒穿入 1 粒材质不同的大珠，称为"佛头"，与垂于胸前正中的 1 粒佛头相对的 1 粒大珠为"佛头塔"，由佛头塔缀黄绦，中穿背云，末端坠一水滴形佛嘴。背云和佛嘴垂于背后，背云上下有贯穿孔，与佛头塔、佛嘴连接。背云一般为玉质或翡翠。

加绿"。该器为椭圆形，素面无纹，上下各
有一穿孔。

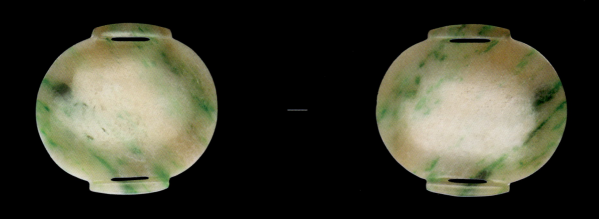

374 清　糯种背云

长 49 毫米　宽 43 毫米　厚 3 毫米

◆　糯种，质地细腻，淡黄飘绿色，俗称" 黄
加绿"。该器为椭圆形，素面无纹，上下各
有一穿孔。

375 清 糯种飘绿隔珠及坠角

朝珠　直径26毫米
佛塔　高26毫米
吊坠　长38毫米　宽23毫米　厚11毫米

◆ 糯种，质地细腻，深绿色。此件组为朝珠
组套中的隔珠，隔珠为圆形，光素无纹。

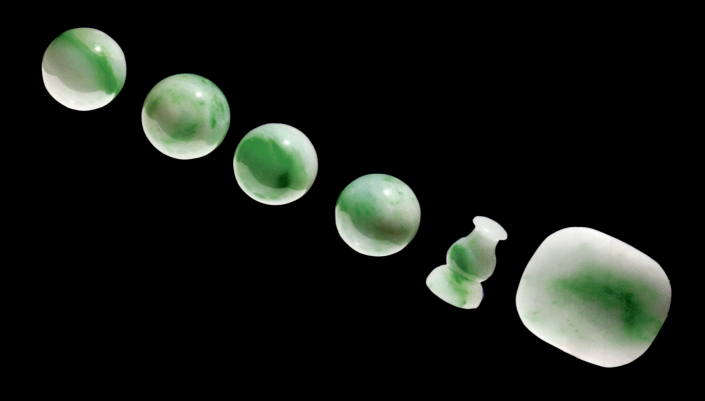

376 清 糯种阳绿隔珠带背云

朝珠　直径 25 毫米
佛塔　高 26 毫米
背云　长 43 毫米　宽 38 毫米　厚 5 毫米

◆ 糯种，质地细腻，飘阳绿。此件组为朝珠

组套中的隔珠，圆形，光素无纹。

377 清 压襟（一套）

通长 535 毫米

◆ 糯种，小挂坠达到冰种，质地细腻，色泽莹润，正阳绿。以银链连接各种翡翠小挂坠，红翡、无色和无色双色喜字，瓜果，小鱼，荷叶以镂雕工艺雕琢，中间连接处配饰以网格纹、镂雕、浮雕工艺雕刻穿云龙纹。为云、贵、川地区典型的佩饰，俗称"压襟"。

378 清 压襟（一套）

通长 370 毫米　宽 49 毫米　厚 4 毫米　大小不一

◆ 糯种，质地细腻，色泽莹润，飘绿。最上层一条链子和中间三条链子以翠挂件连接。两条链子配兽首，中间一条连接翠挂件，翠挂件下连接五条链子，下面佩挂耳挖勺、刀、剑、牙签、鞭子。配件为莲花状，以阴刻线表现花瓣的弧度和弯曲。为云、贵、川地区的典型佩饰，俗称"压襟"。